Libro para colorear
las formas

Coloring Pages for Kids

Coloring Pages for Kids
An imprint of Ciparum LLC

Libro para colorear las formas
© 2017 Ciparum LLC
All rights reserved.
ISBN-10:1-63589-412-3
ISBN-13:978-1-63589-412-7

Coloring Pages for Kids

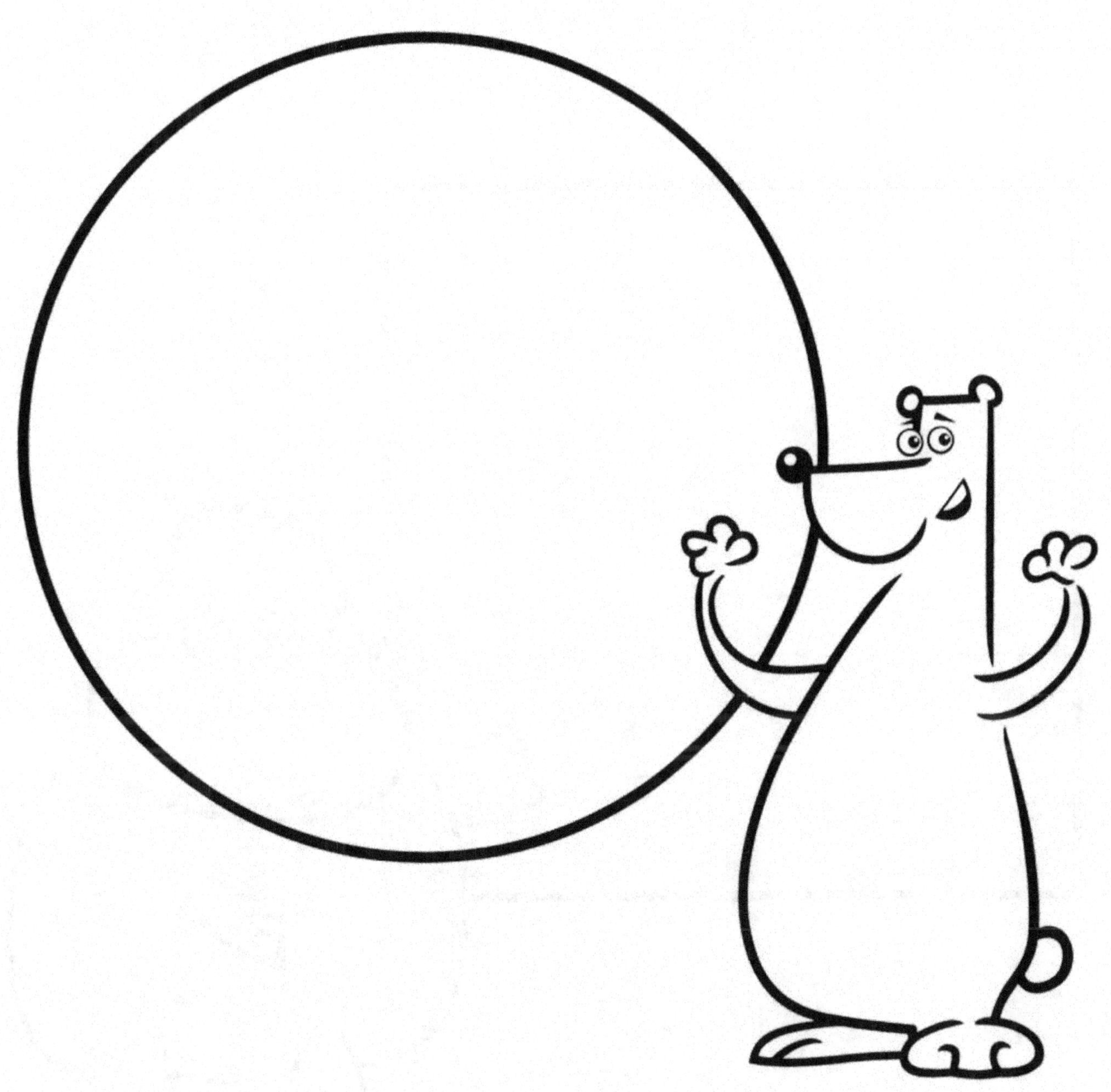

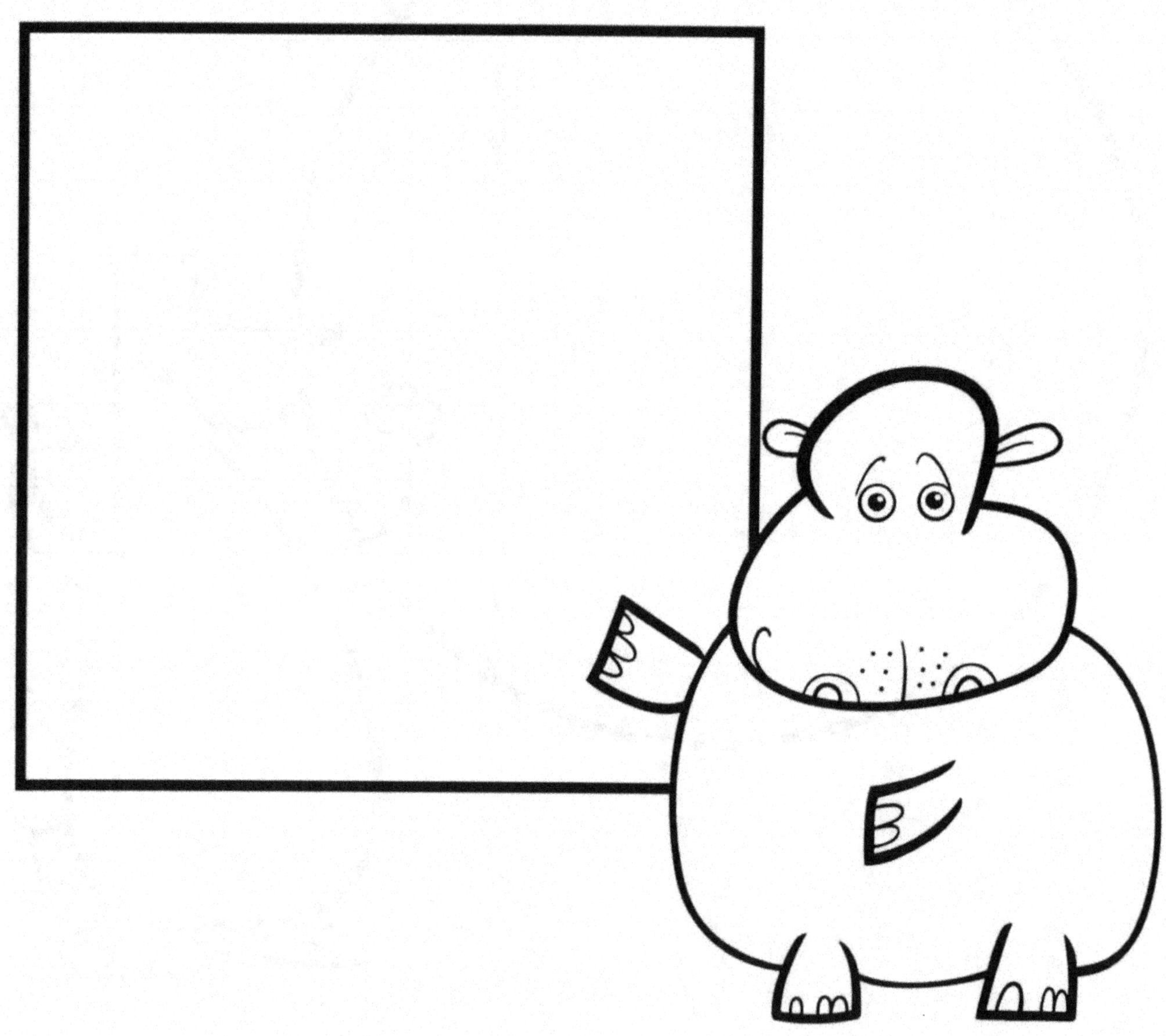

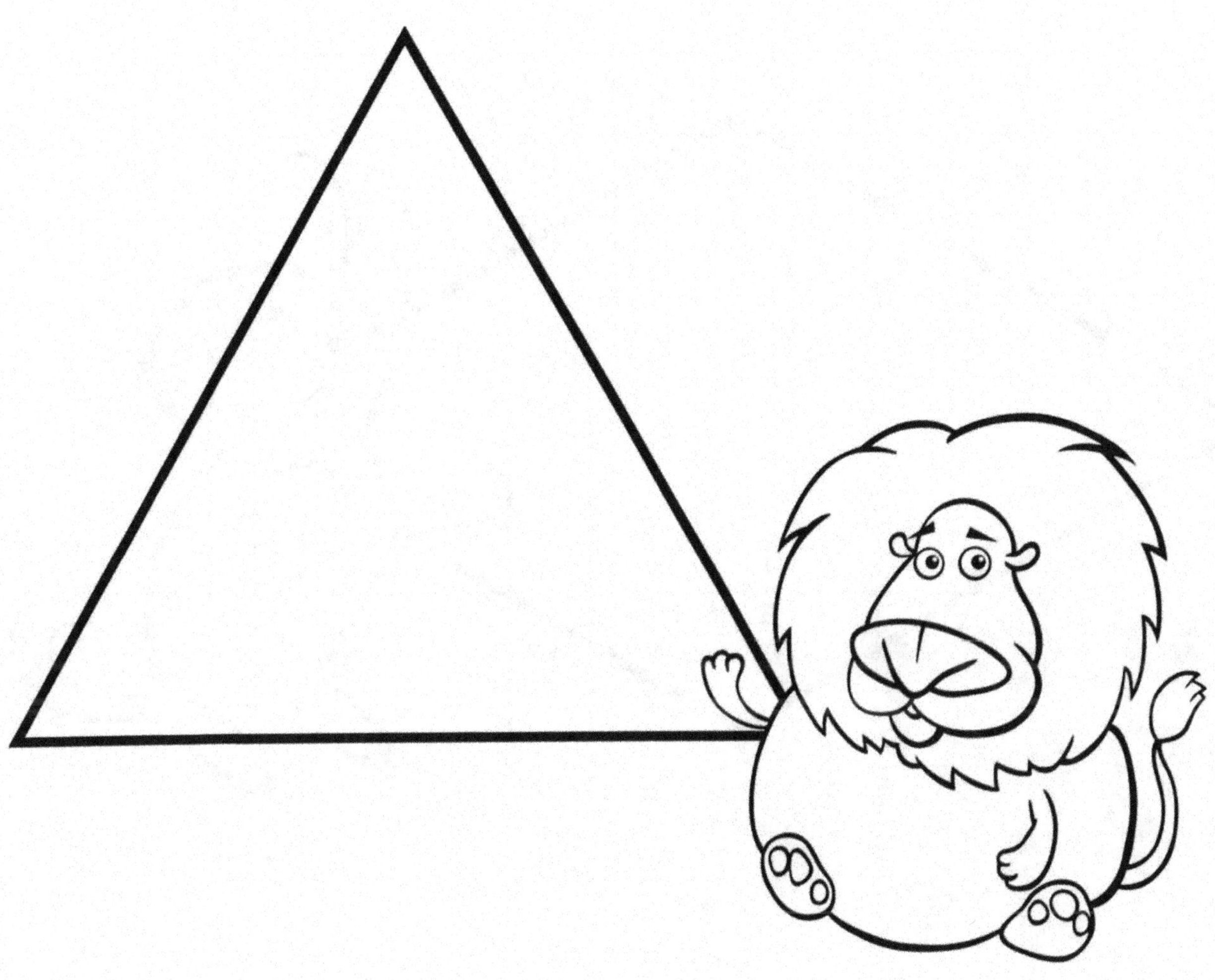

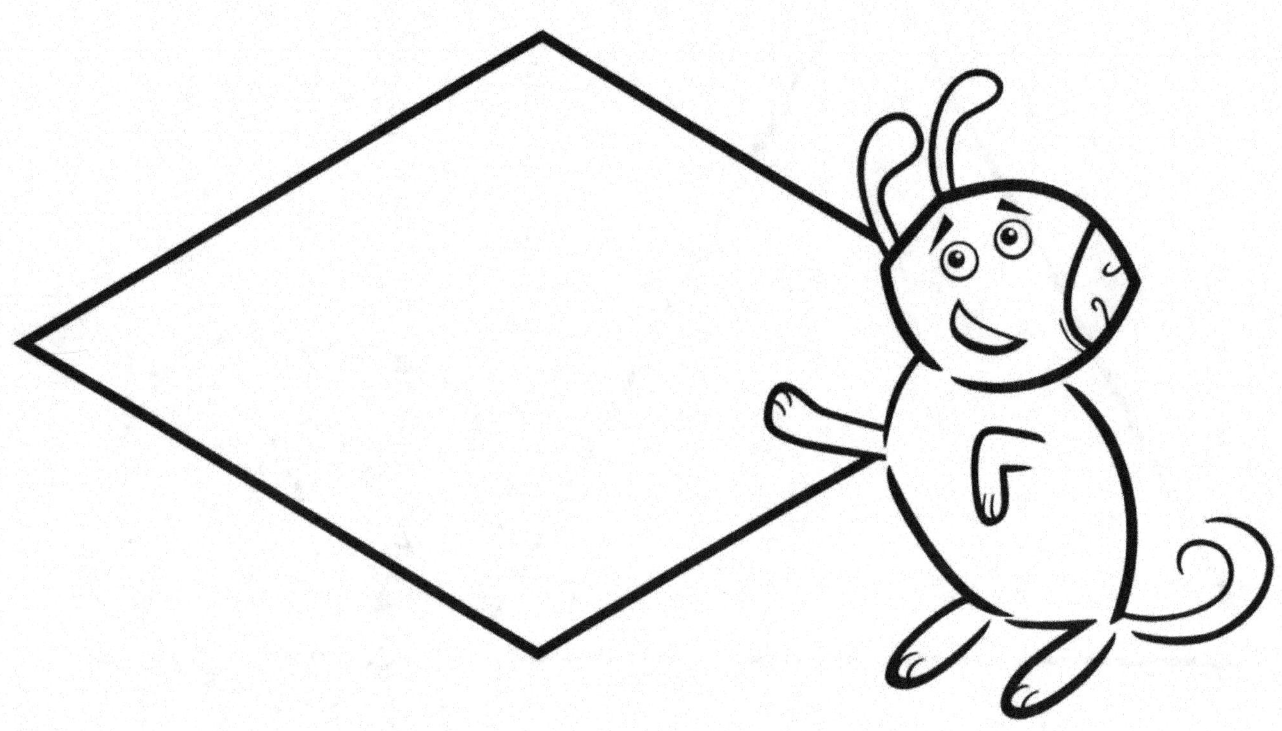

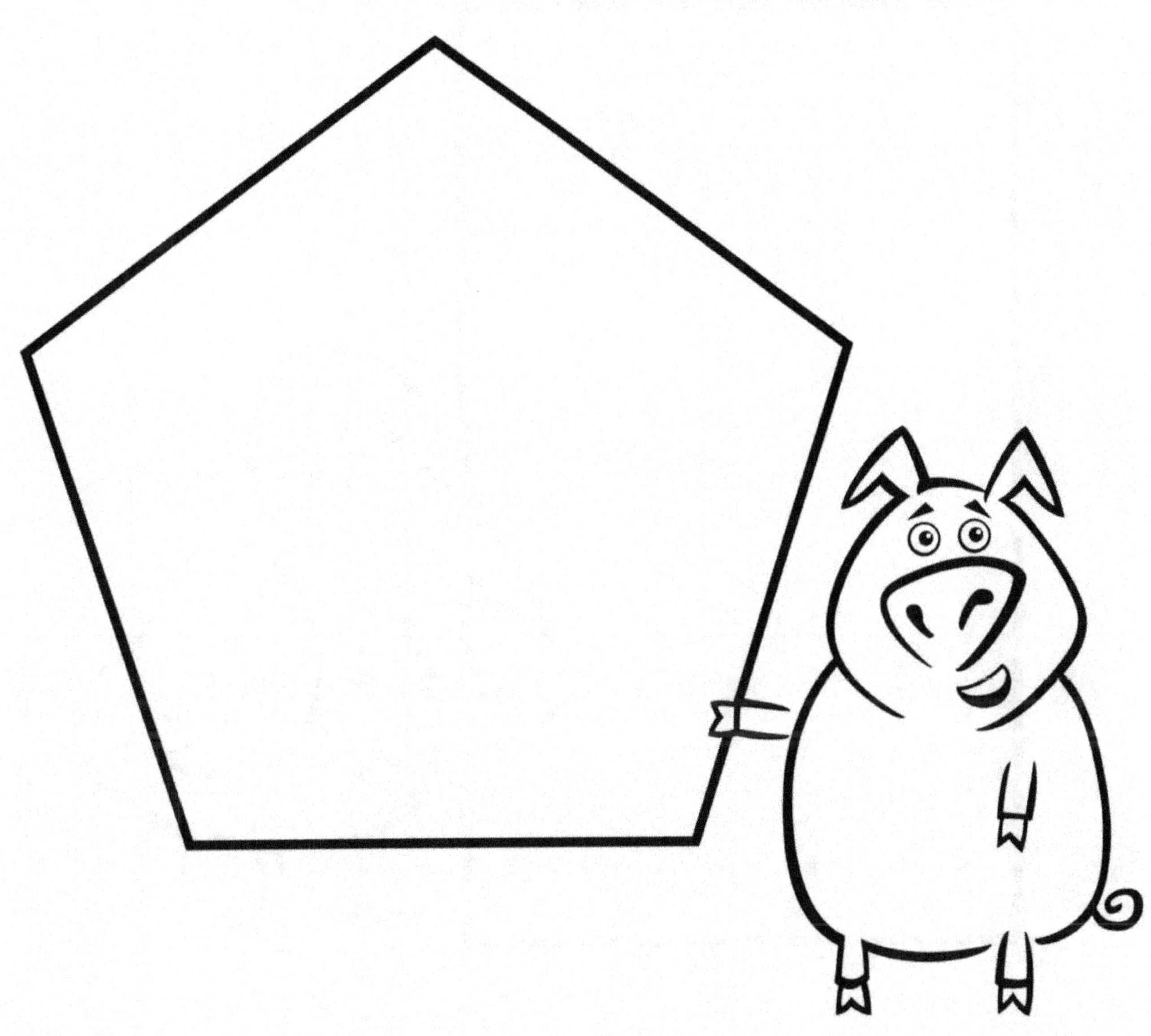

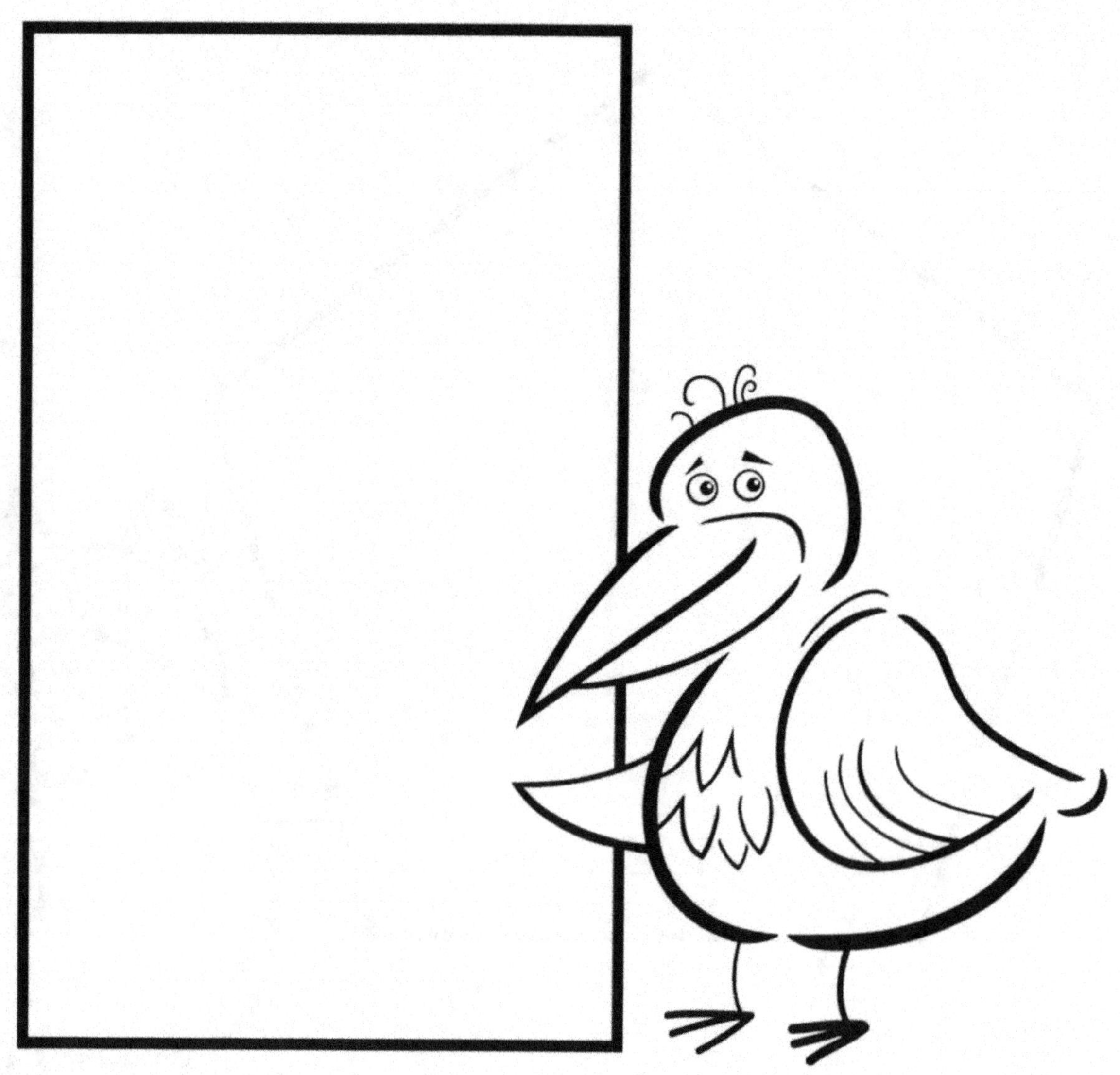

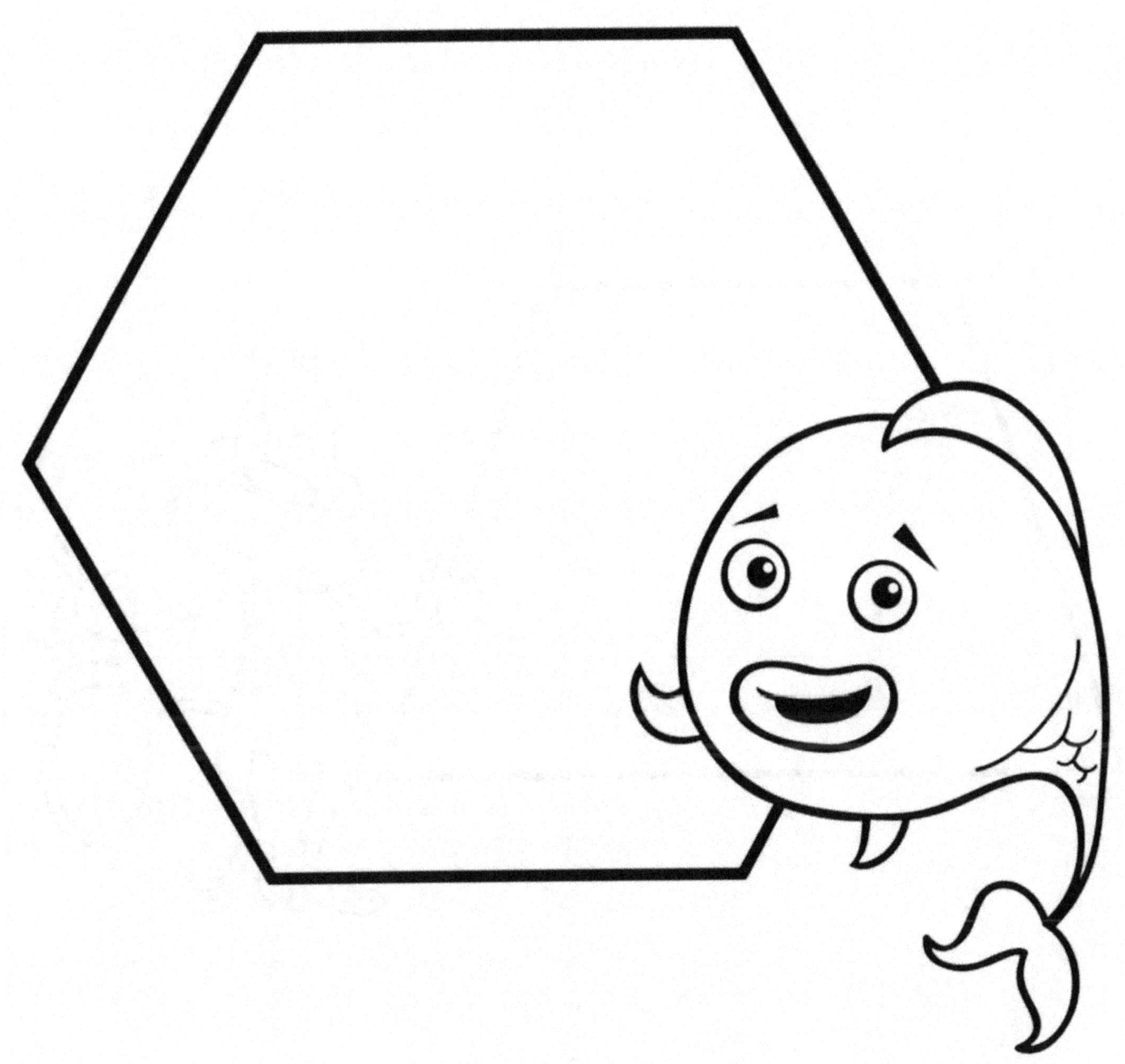

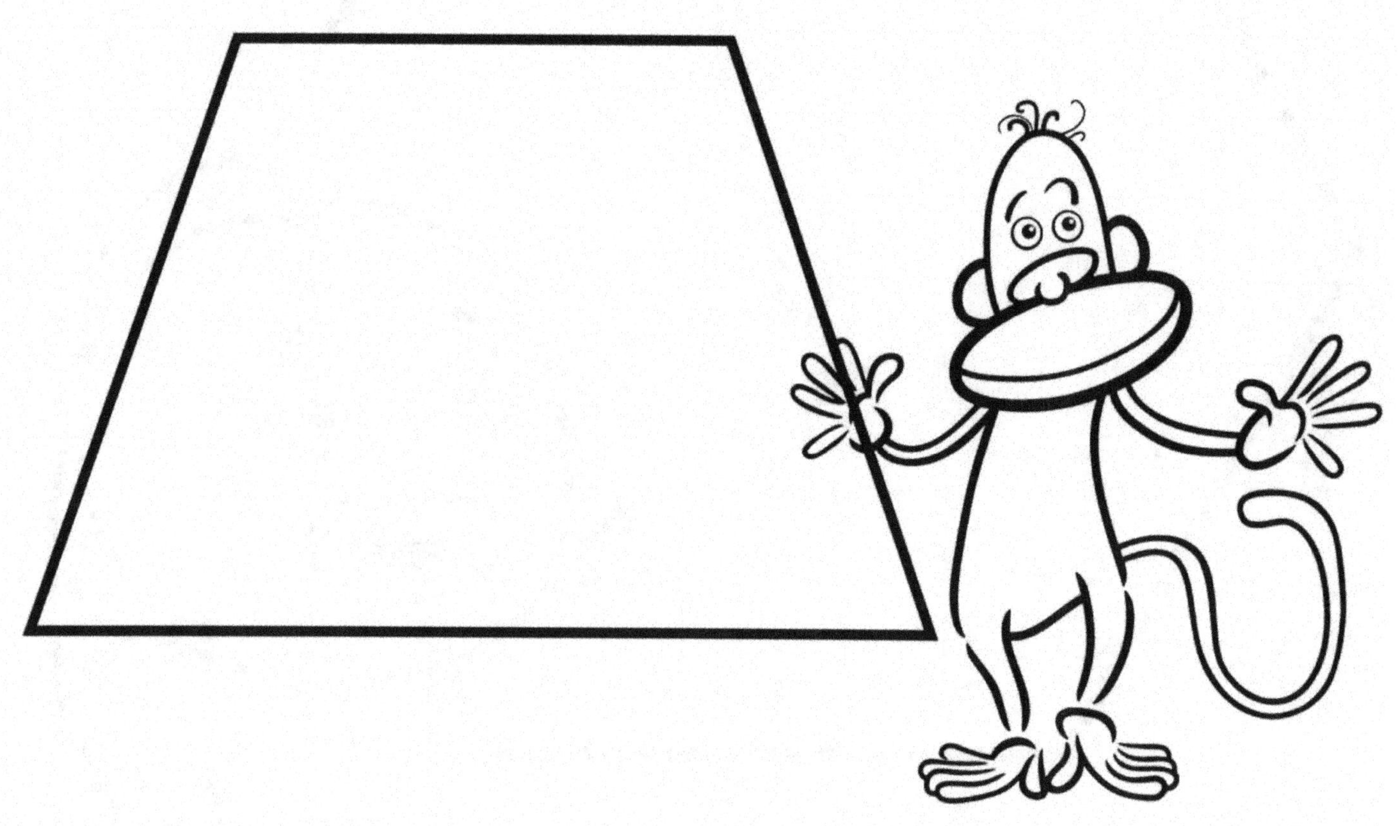

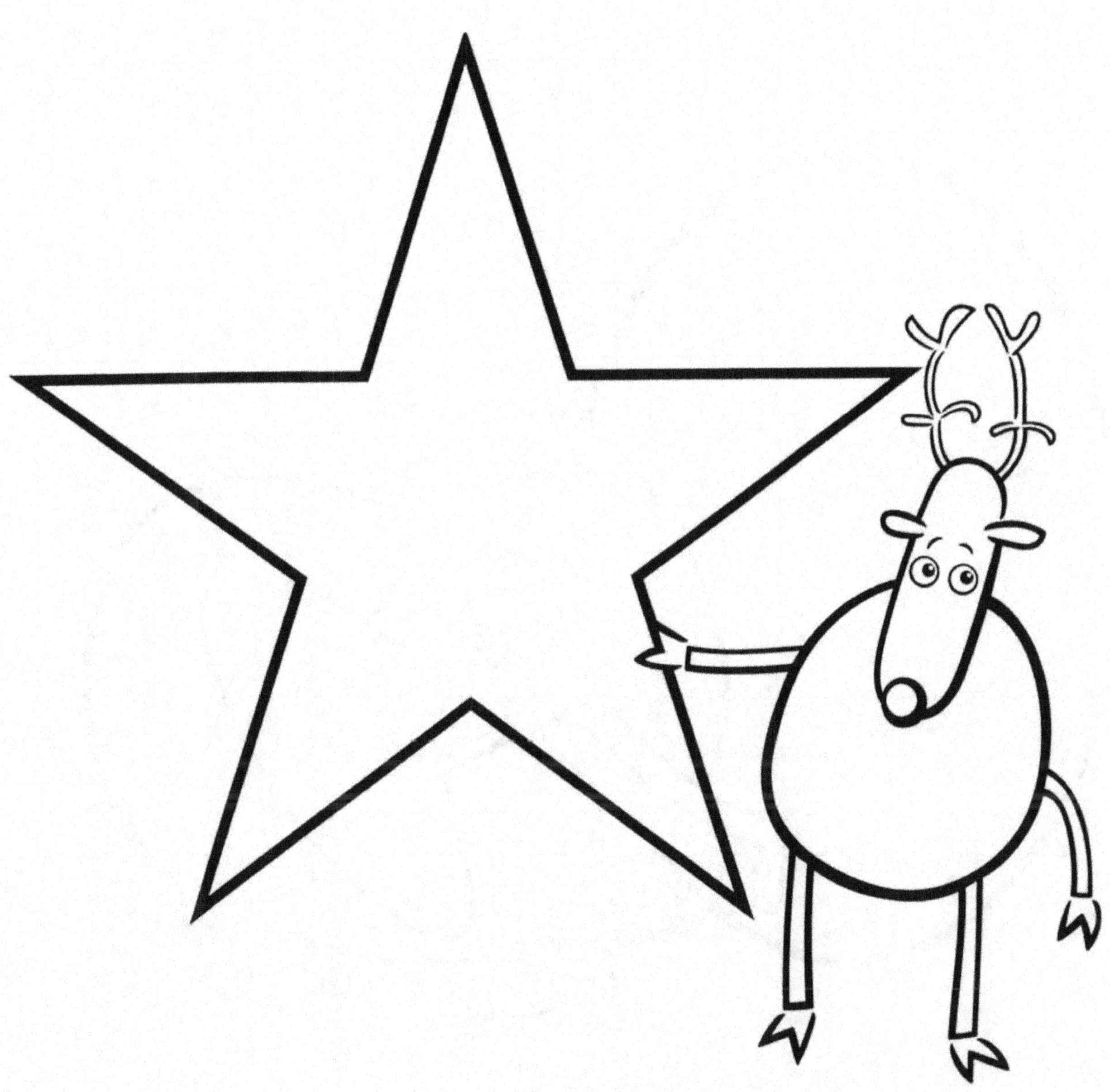

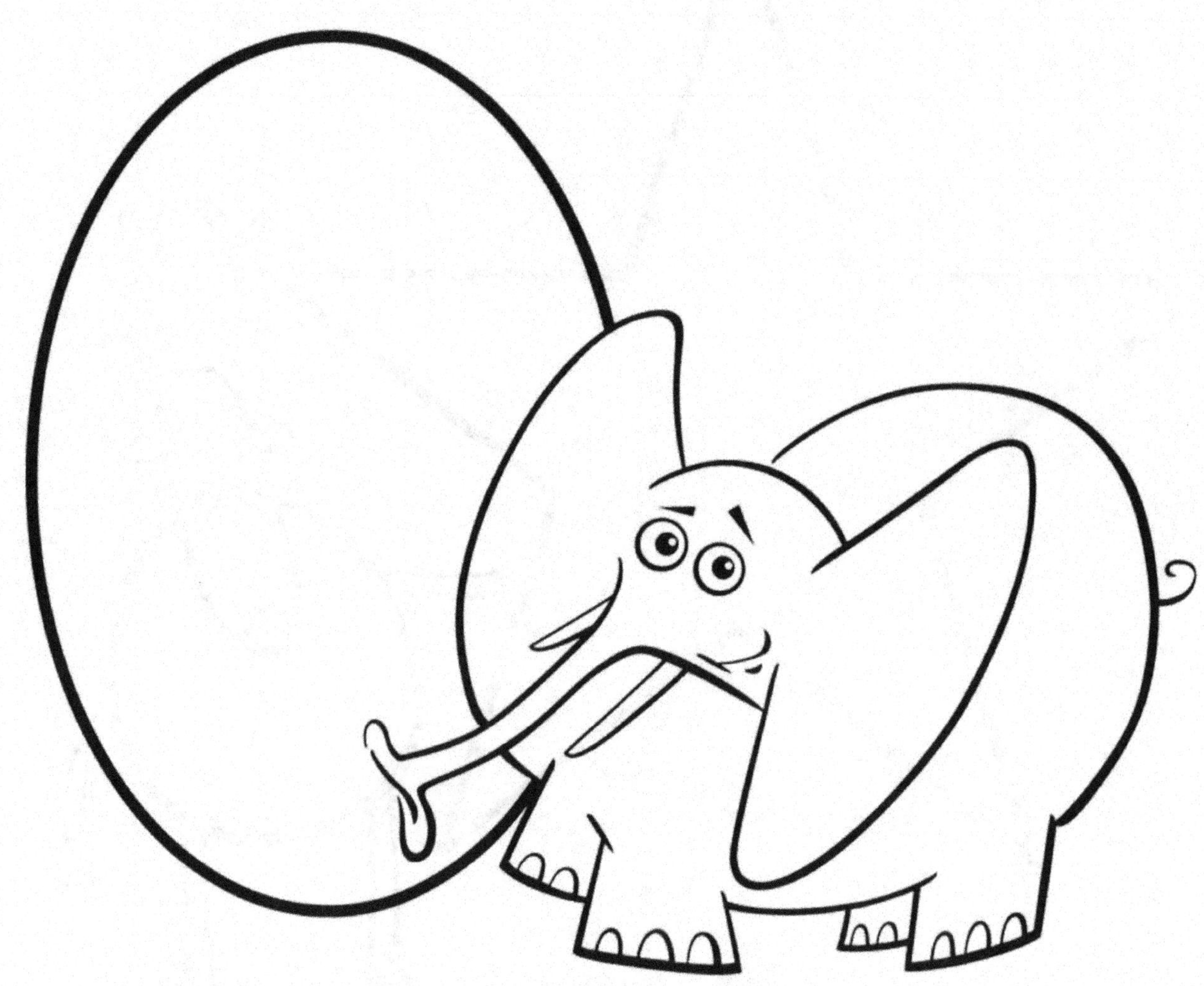

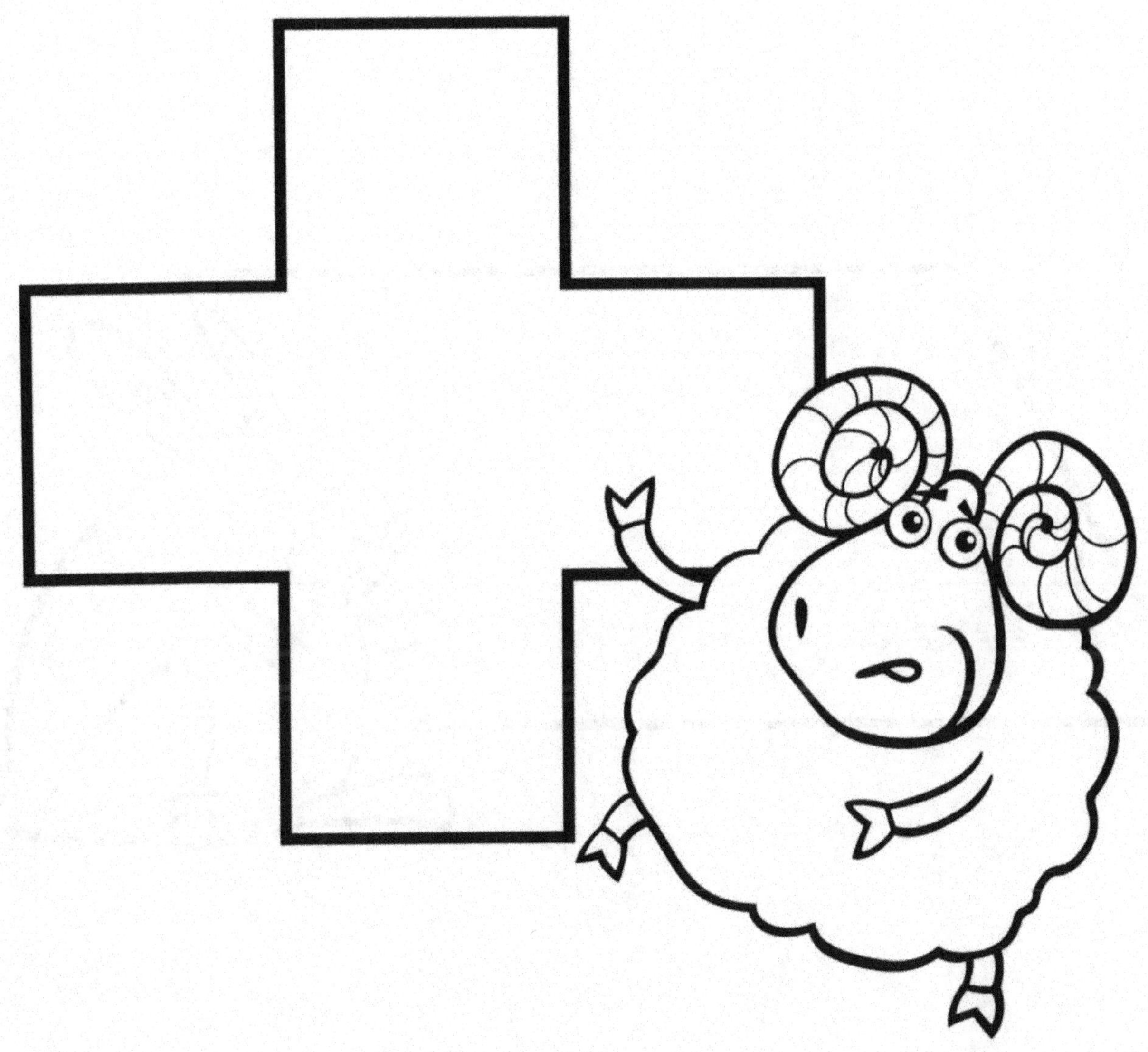

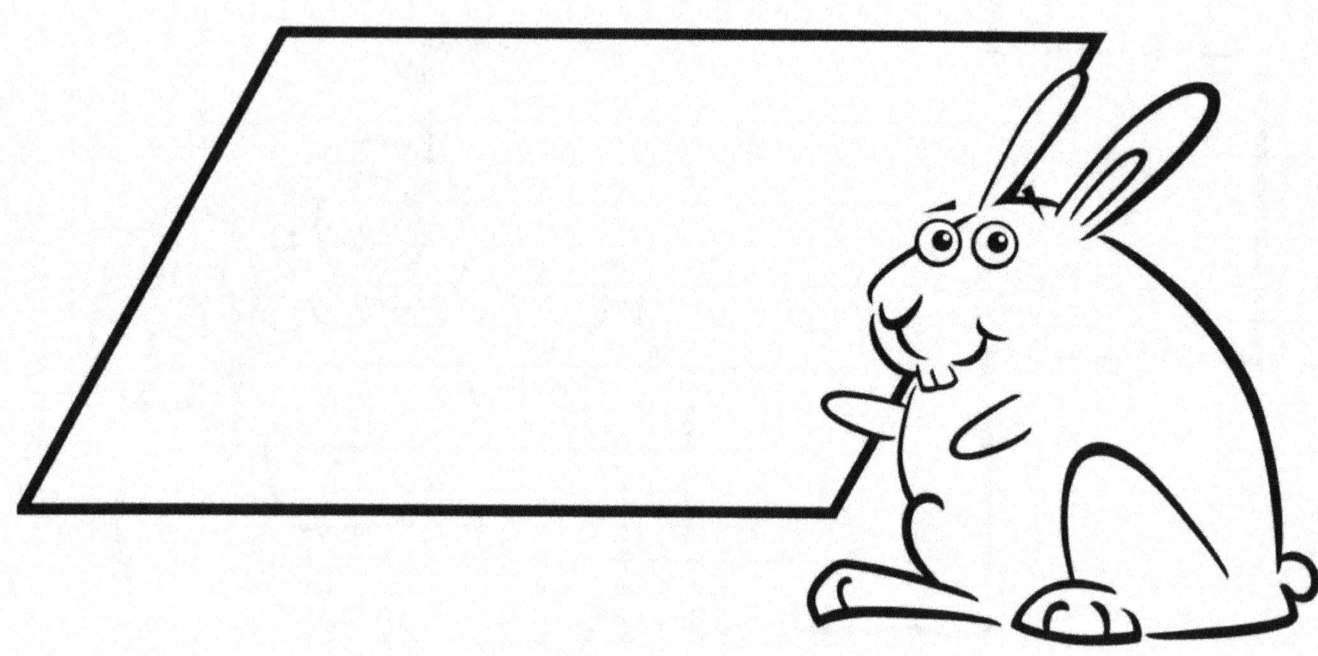

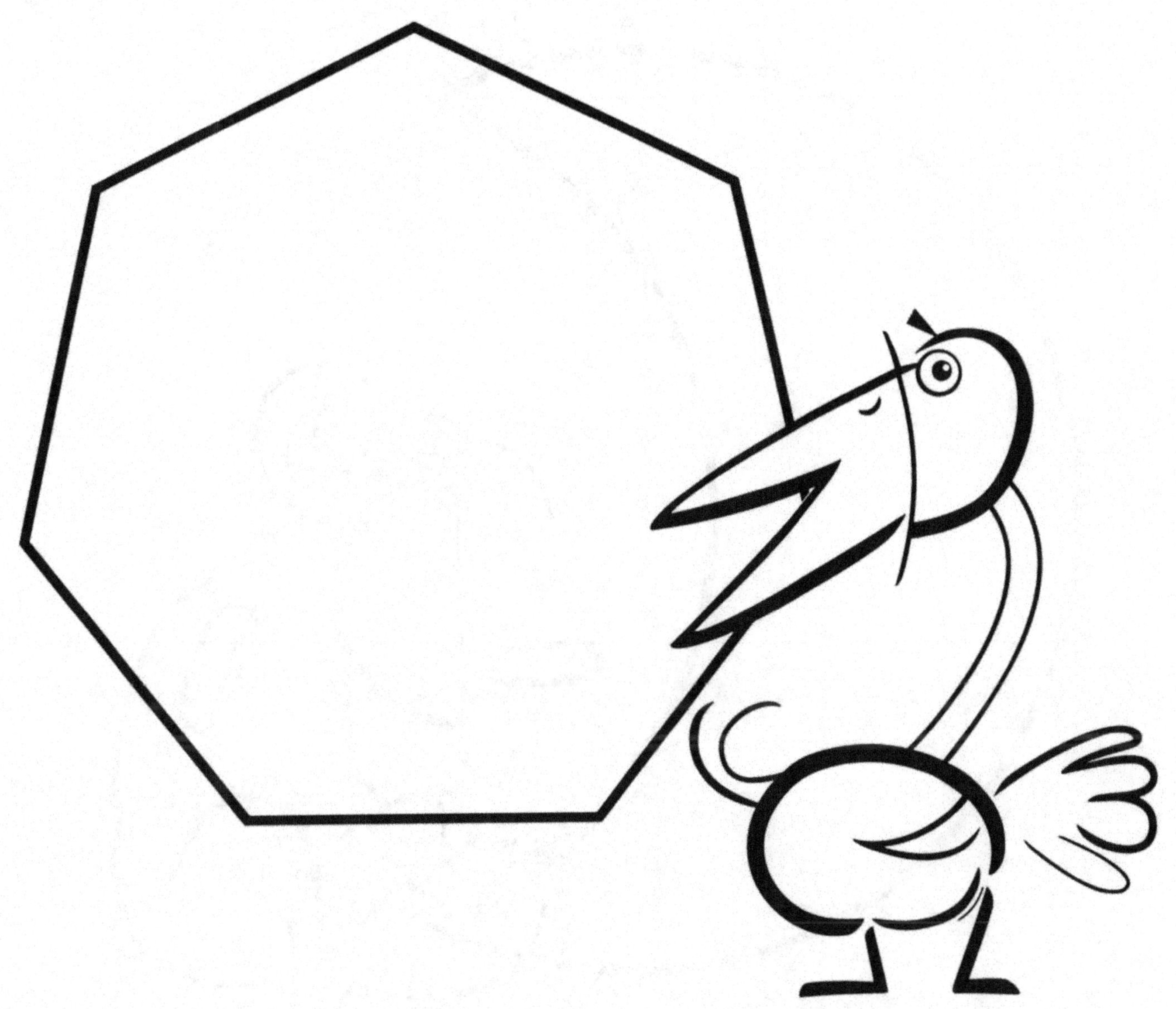

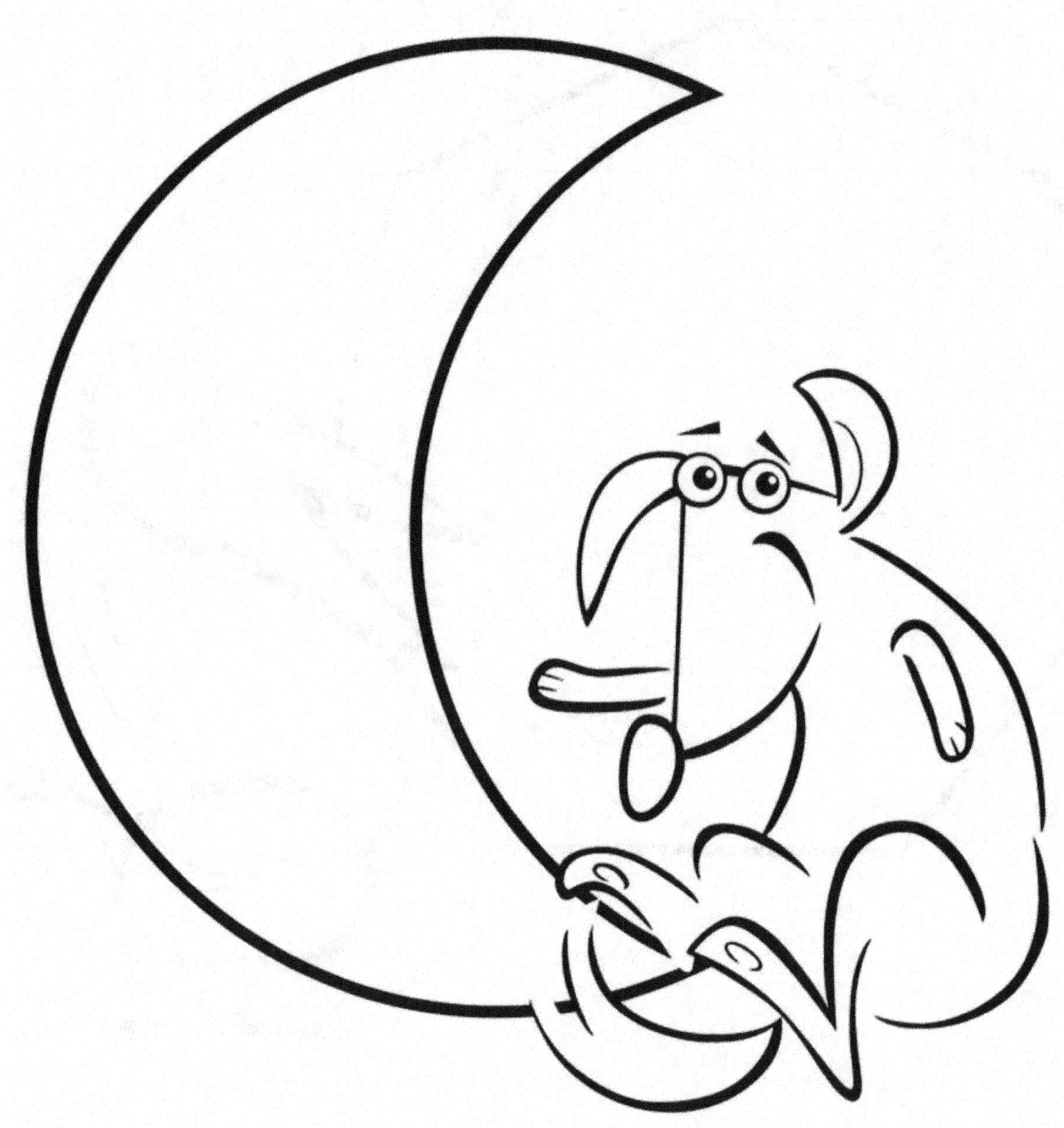

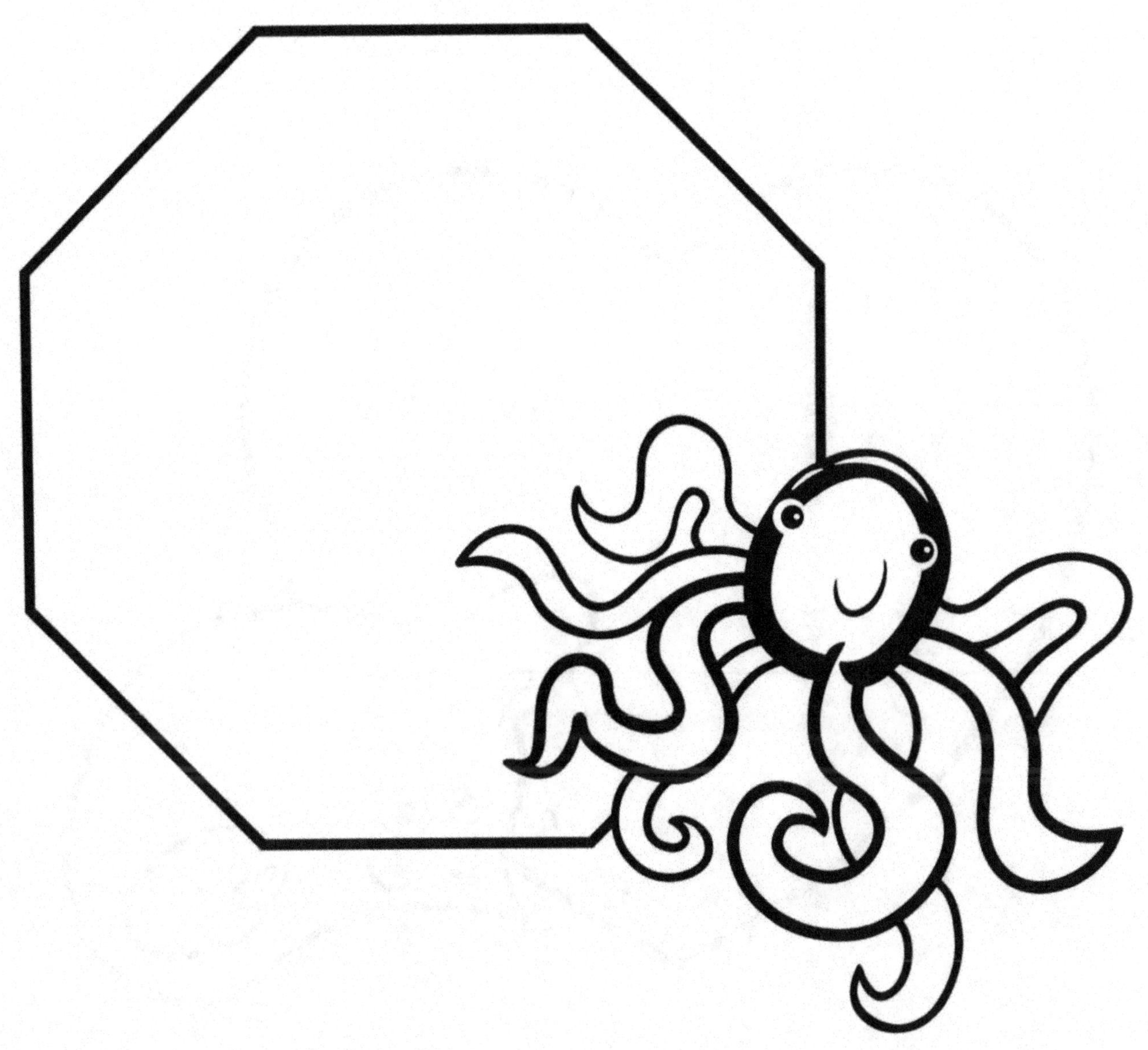

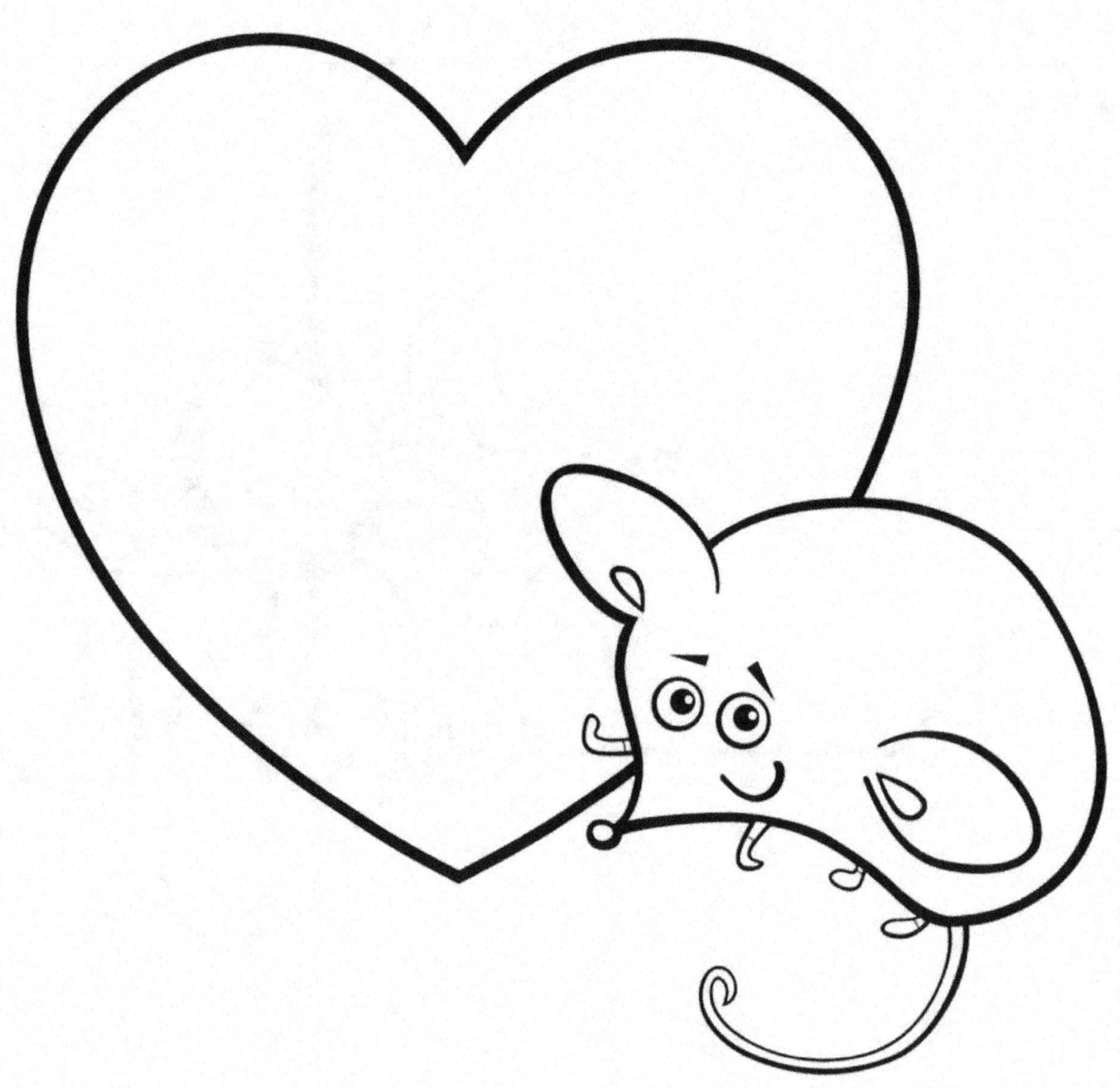

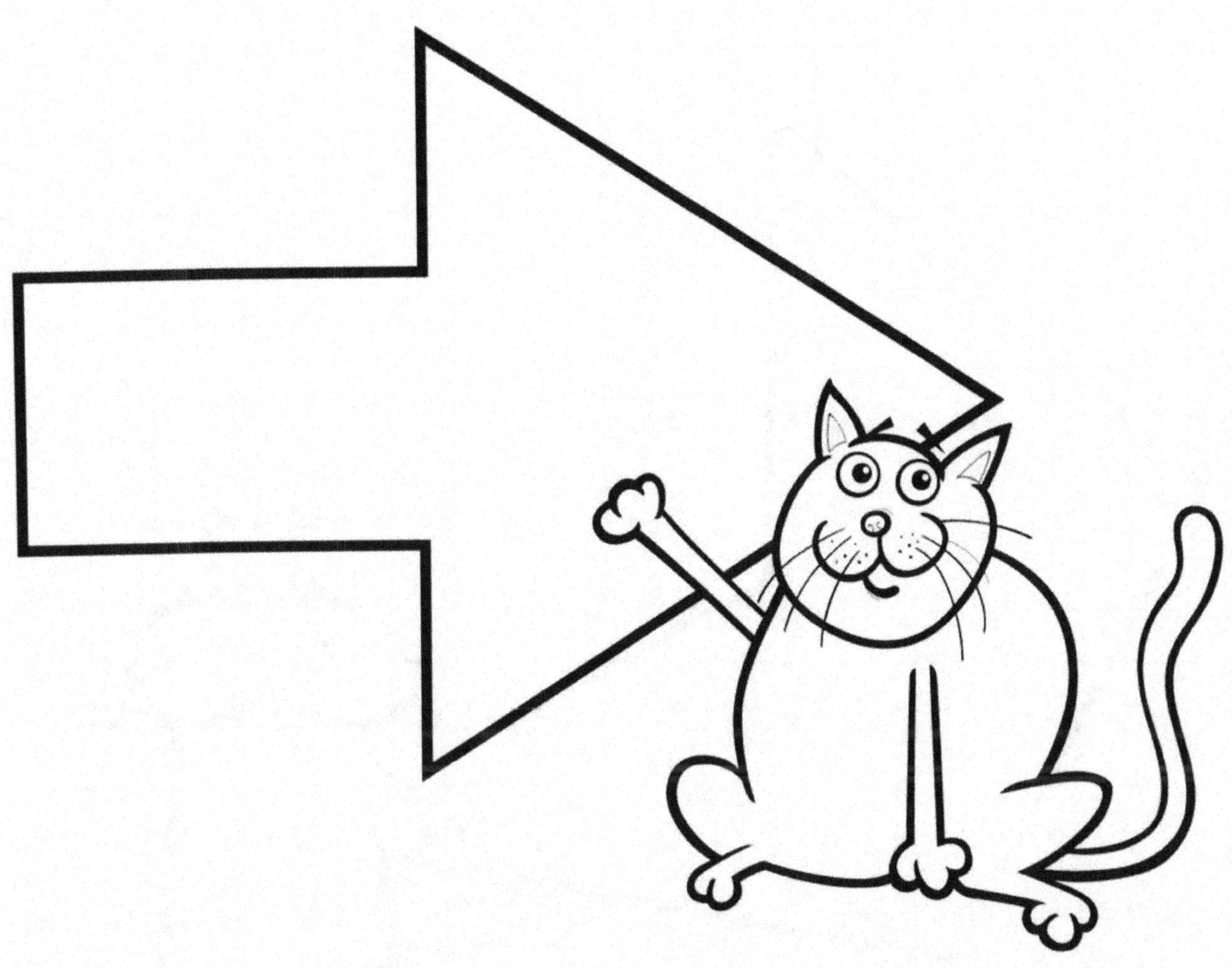

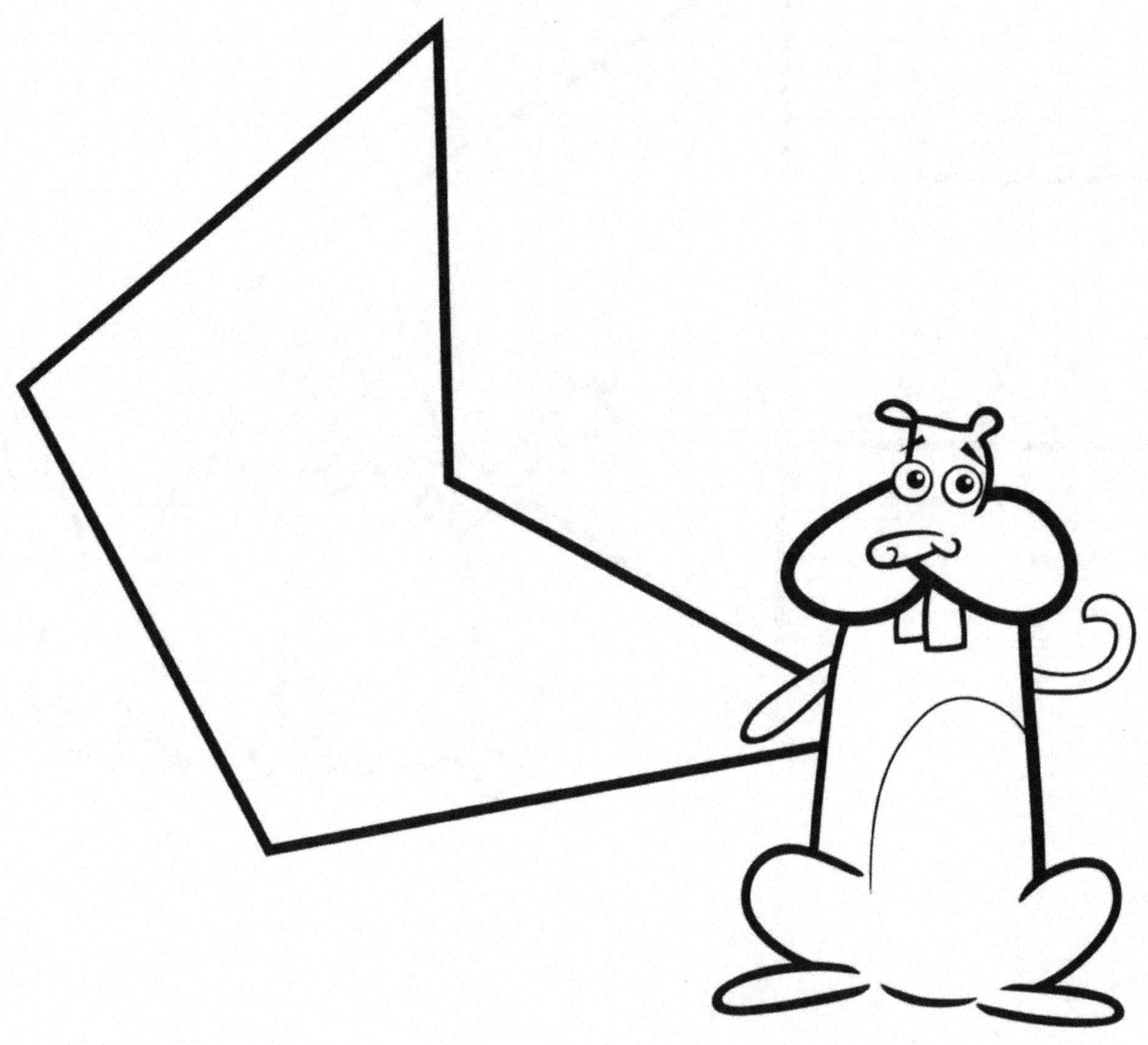

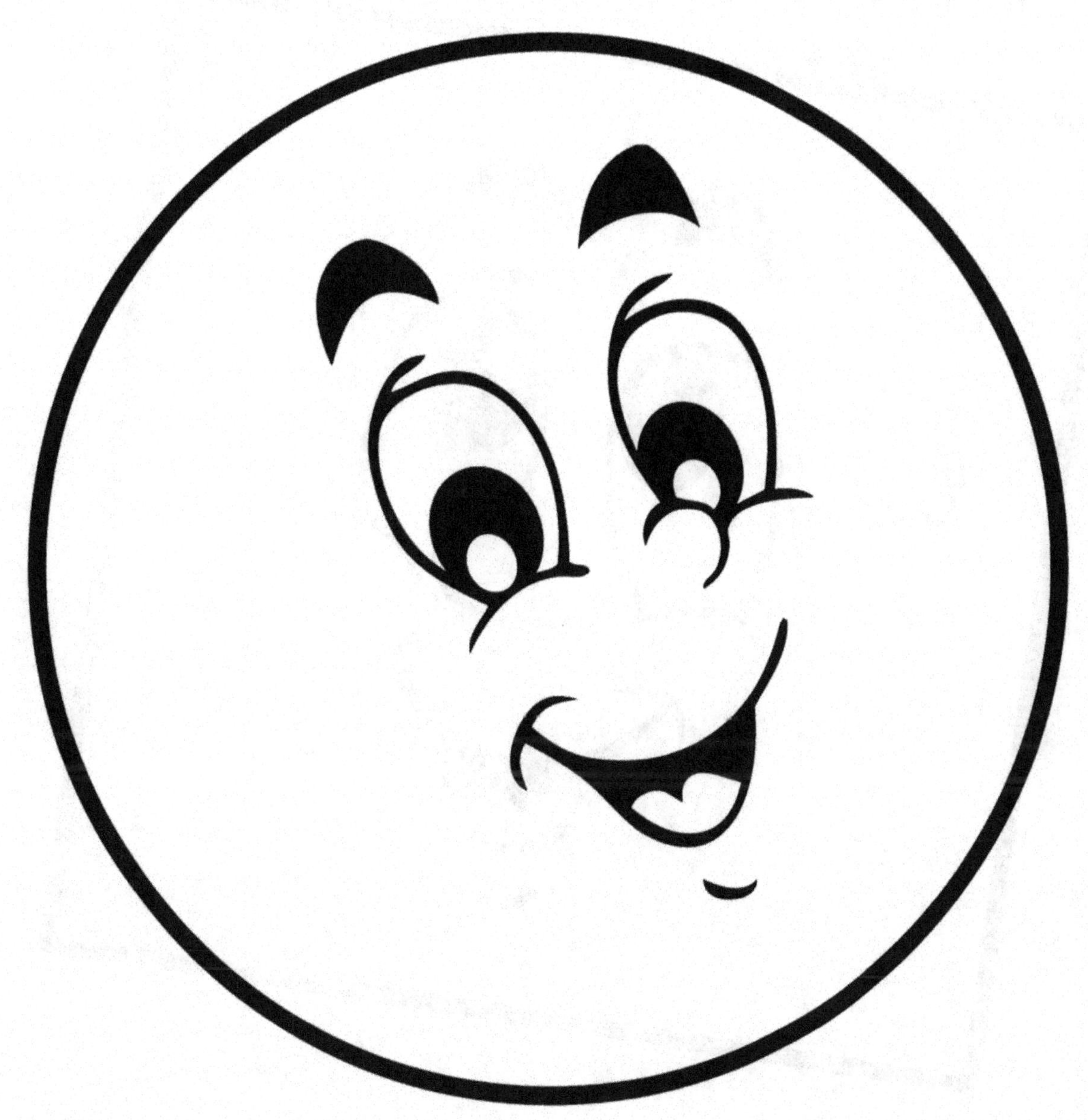

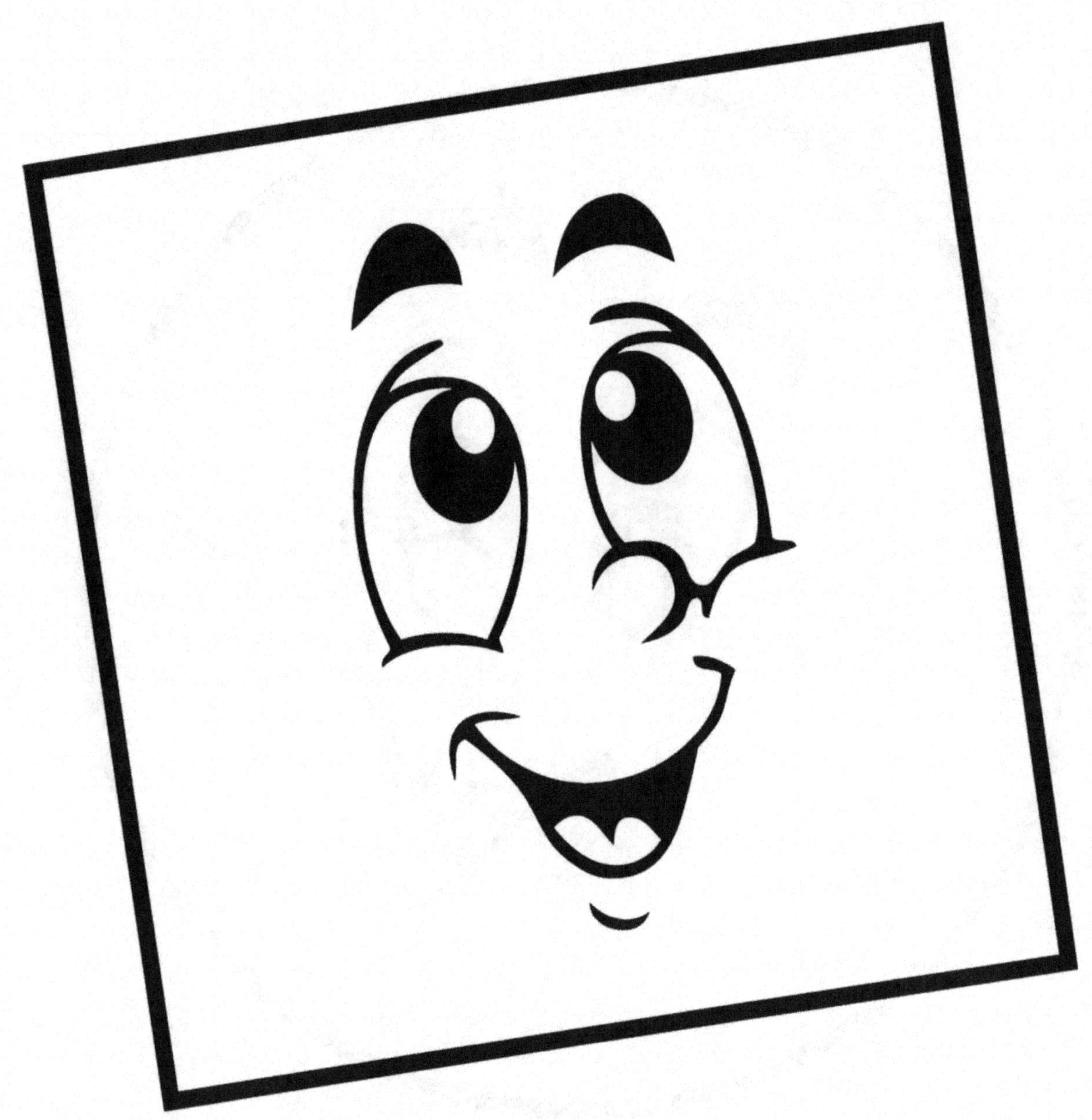

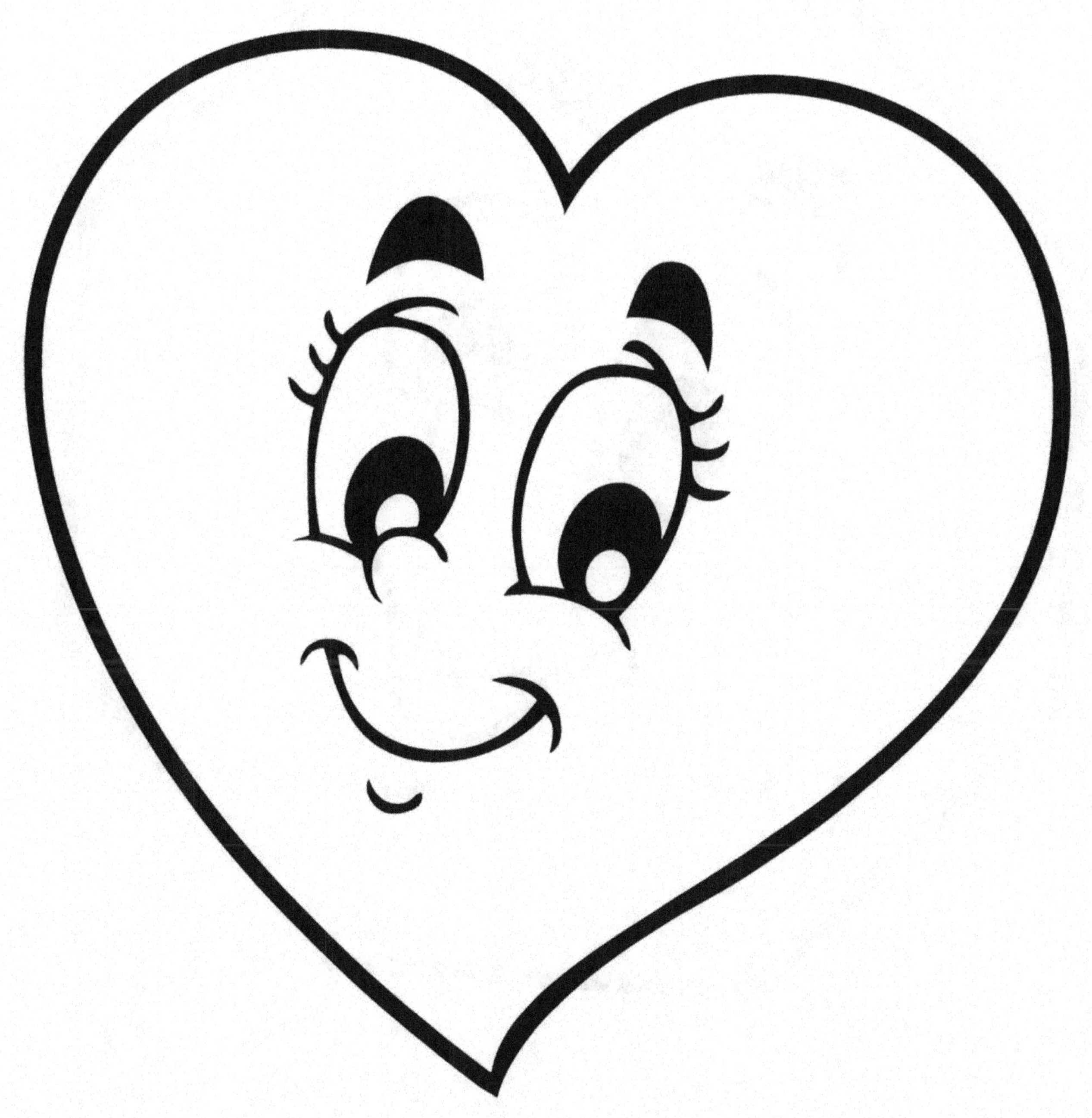

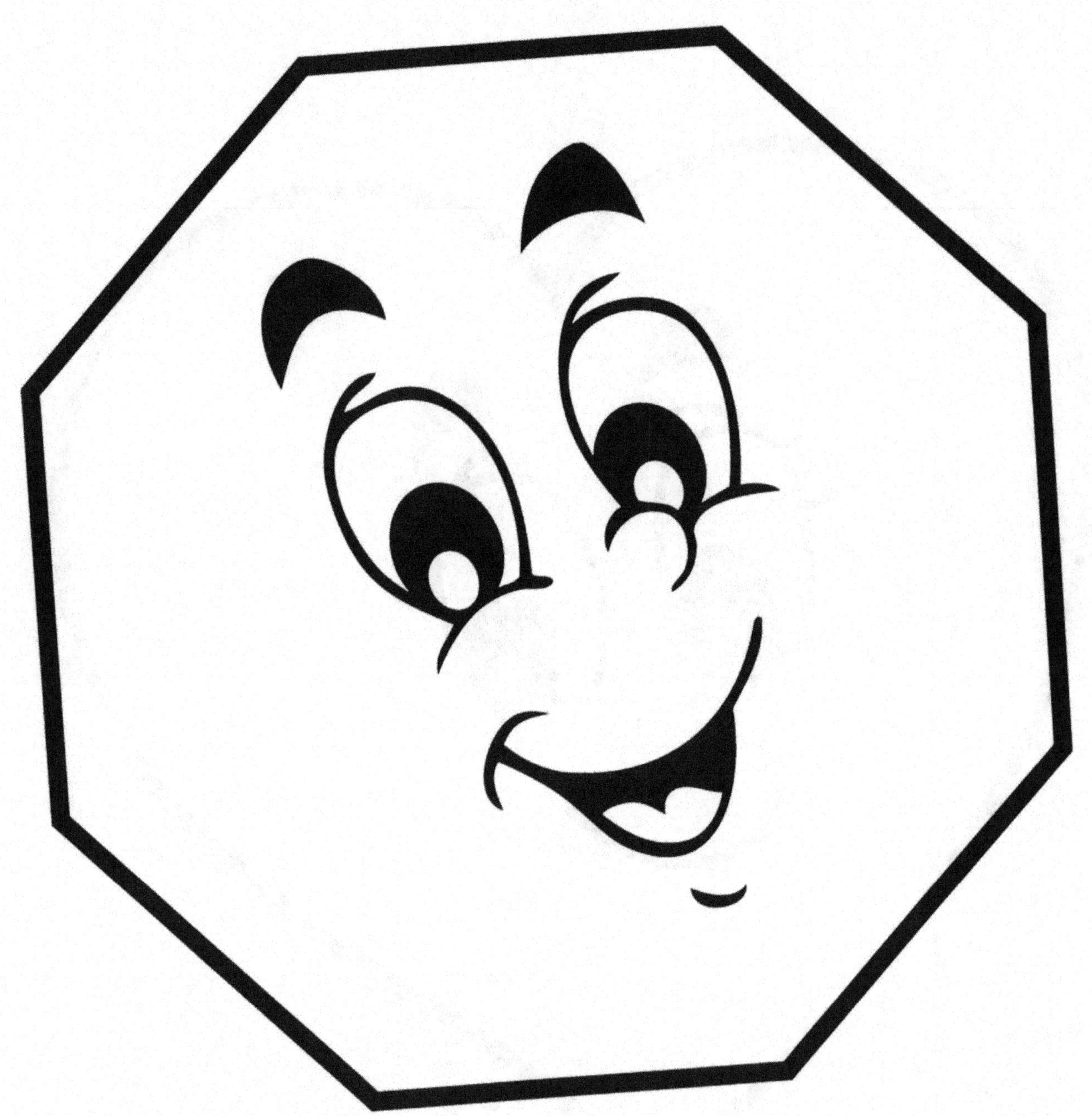

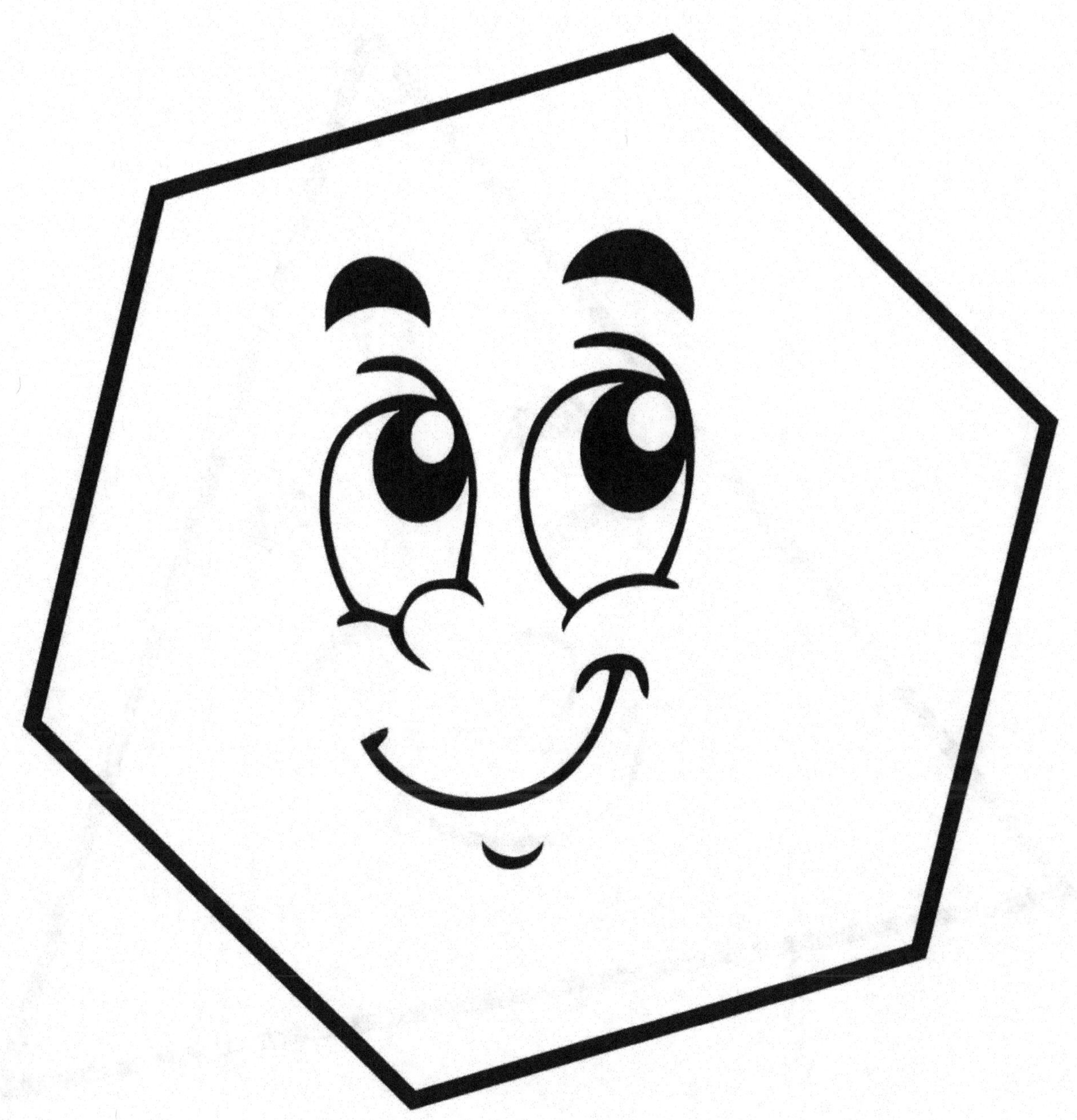

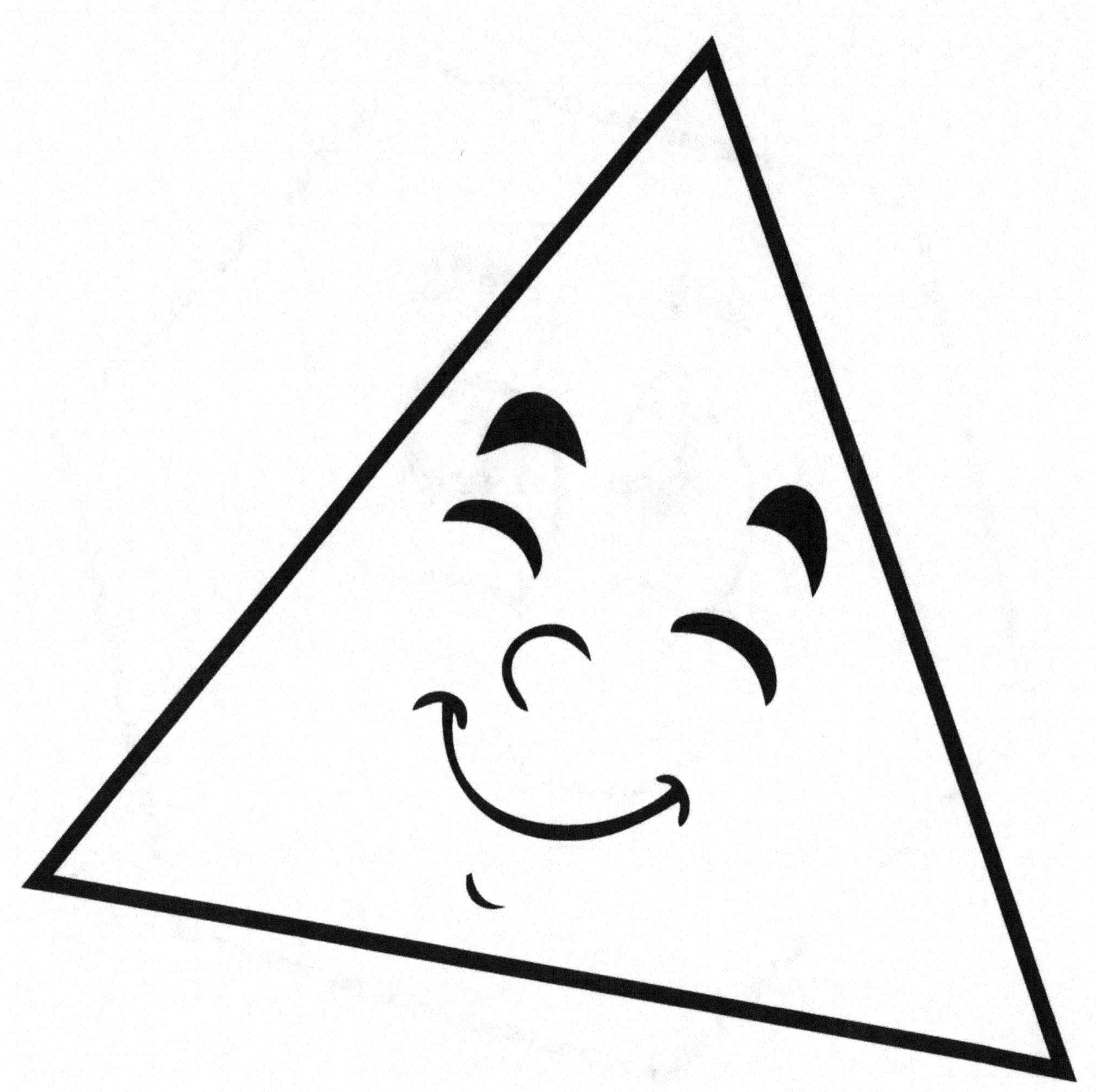

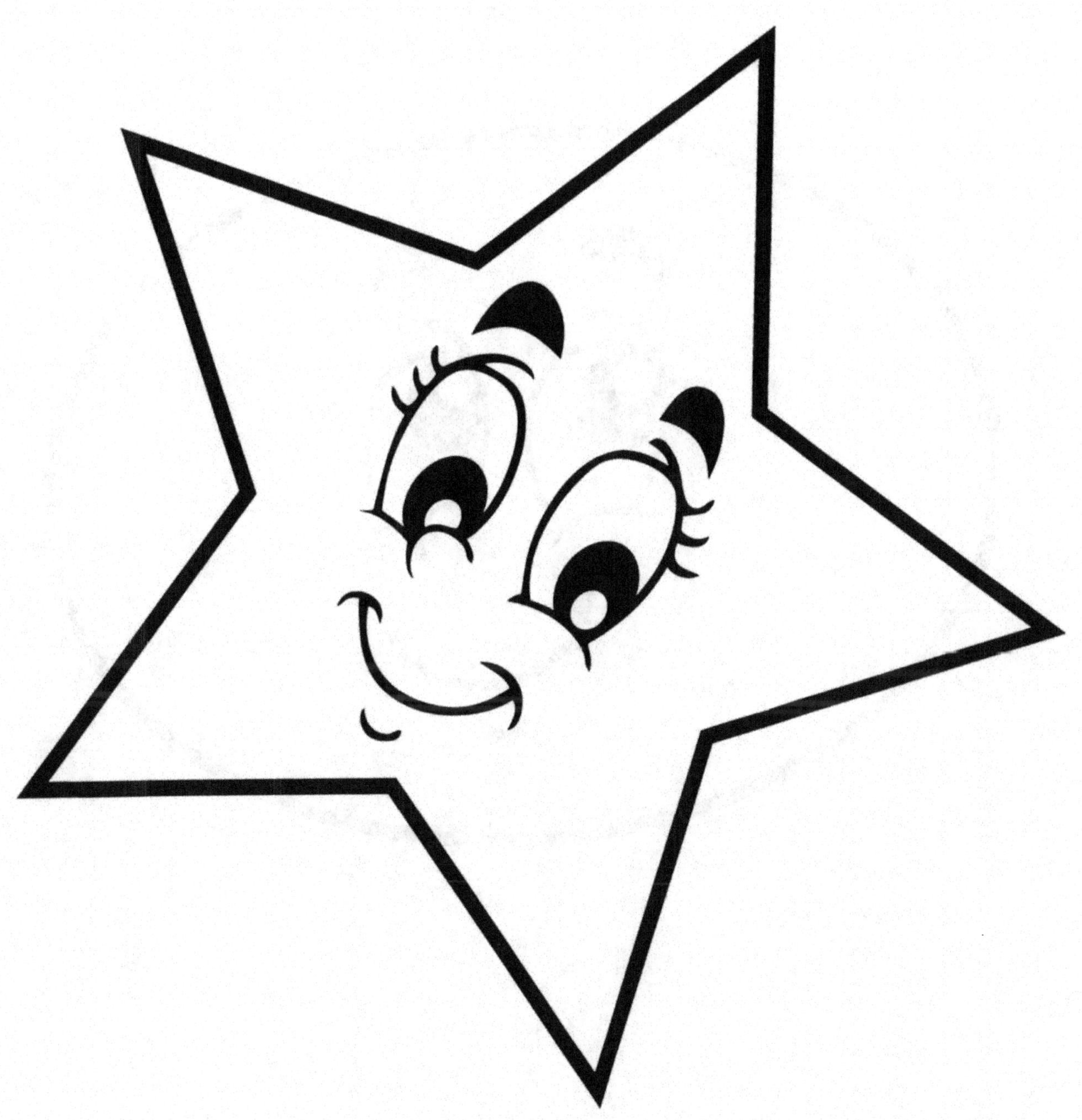

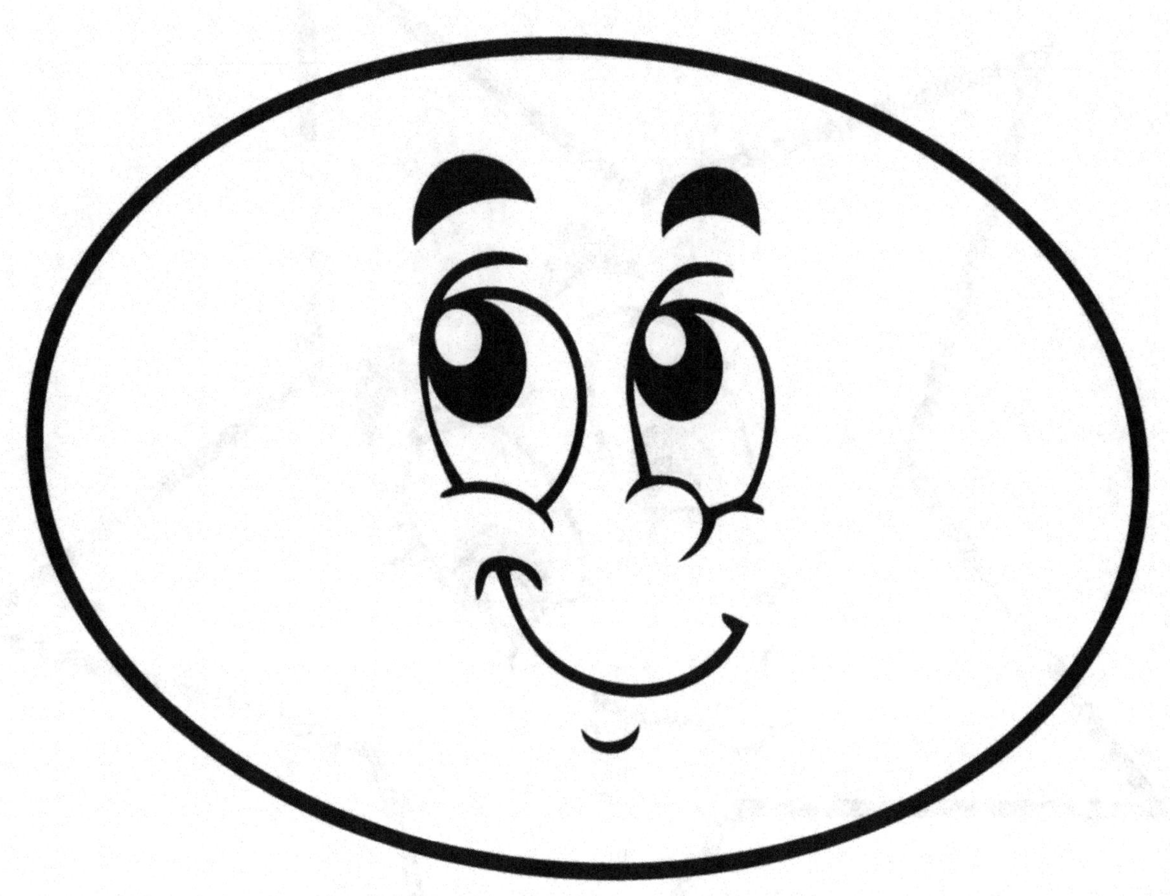

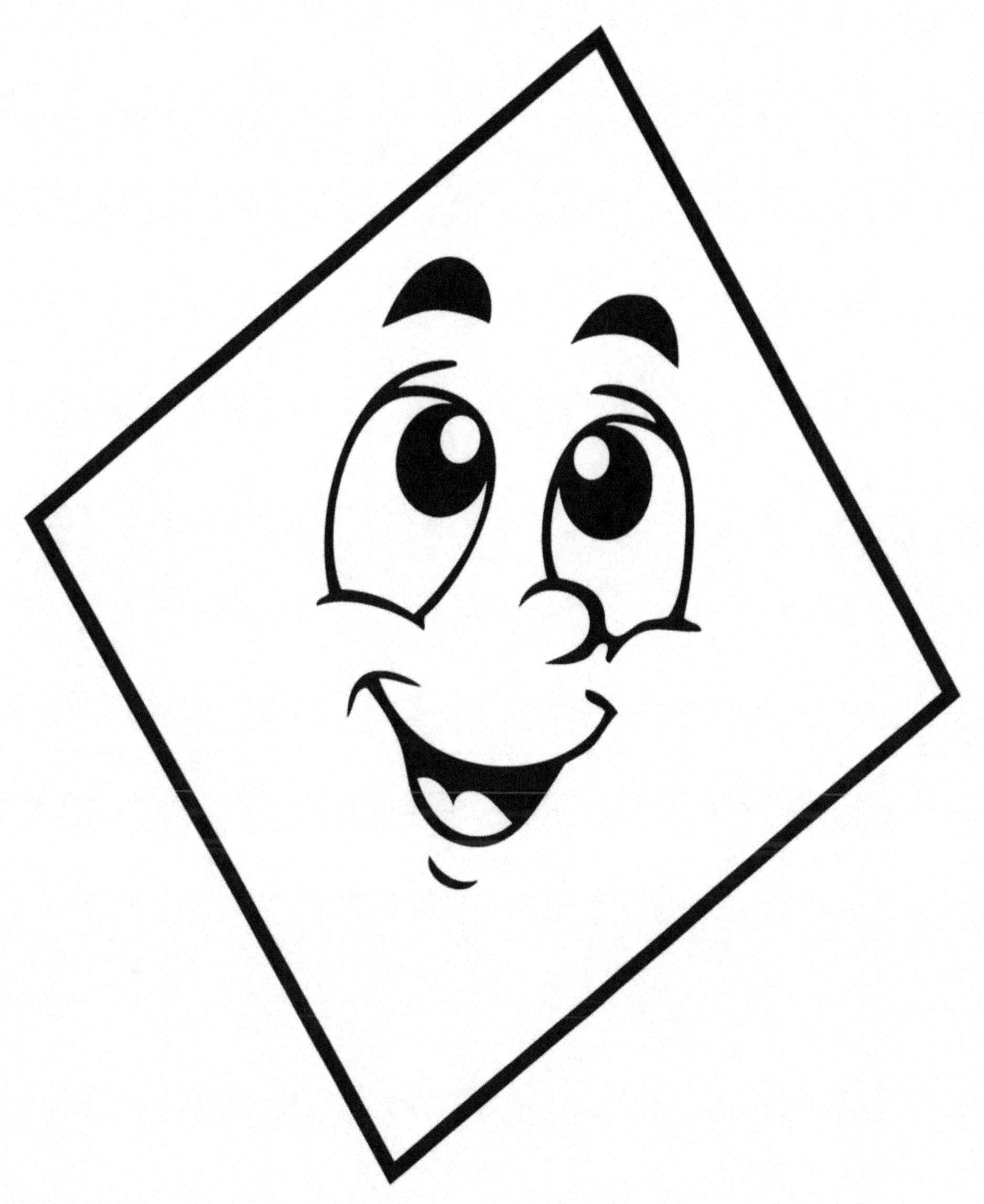